Inhaltsverzeichnis

Vorwort 2

Was dir dein Berufsberater in der Schule nie erzählt hat 5

Die alten Regeln 7

Arbeitsplätze sind eine dumme Idee in dieser Wirtschaft 9

Versagt nicht die Mehrheit der Kleinunternehmen? 12

Überzeugungen 18

Es ist einfacher, als du denkst 20

Kontrolle der Gedanken 23

Was wir uns selbst sagen, prägt unsere Überzeugungen 30

Die Macht der Lügen 31

Das Gesetz der Beständigkeit 32

Maßnahmenmanagement für Höchstleistungen 38

Lege eine Zeit fest, um deinen Tag zu planen 42

Strategie für das Maßnahmenmanagement 43

Der Anfang 44

Falsche Illusionen 45

Folge deiner Leidenschaft 50

Die ersten Schritte 55

- Einkommensideen um dem Hamsterrad ade zu sagen 59
  - Investitionen 61
  - Peer-to-Peer-Lending 63
  - Immobilien 64
  - REIT 64
  - Kurzzeitvermietung/Airbnb 66
- Skalierbare Online-Geschäfte 67
  - E-Commerce 67
  - Starte einen Blog 69
  - Schreibe einen Reiseführer oder einen Online-Kurs 72
- Schlusswort 73
- Impressum 75

NINE TO FIVE im Hamsterrad:

Wie man durch passives Einkommen und richtiges Investment, Vermögen aufbaut und finanziell frei und glücklich wird

SALVATORE KUNTZ

Vorwort

"Jede Veränderung beginnt damit, eigene Gedanken und Vorstellungen zu ändern"

Ich wette, dass du mindestens einmal im letzten Jahr versucht hast, deinen „Traumjob" herauszufinden. Ich wette auch, dass du dich noch nicht ganz auf eine Antwort festgelegt hast. So funktioniert es in der Regel: Du mühst dich jahrelang ab, um einen perfekten Job zu finden. Nach langem Suchen findest du ihn vielleicht – fantastisch! Du hast deine Traumkarriere entdeckt! Jetzt solltest du besser hoffen, dass du dafür qualifiziert bist, dass es sich lohnt und dass der Arbeitgeber zustimmt, dich zu übernehmen. Wenn du diese Hürden überwinden kannst (was die meisten nicht tun), ist der nächste Schritt, die Gesamtheit deiner vielfältigen, komplexen Persönlichkeit und Träume in diese eine winzige Jobbeschreibung zu pressen und die Teile aufzugeben, die nicht passen.

Dann solltest du auch noch hoffen, dass du ihn fünf Jahre später lieben wirst, weil du das alles nicht noch einmal durchmachen willst. Du hast deinen Traumjob. Herzlichen Glückwunsch! Klingt das für dich nicht weniger als ideal? Die Wahrheit ist, dass du viel interessanter und komplexer bist als eine einzelne Stellenbeschreibung. Als „freier" Mensch kannst du deine eigene Traumkarriere gestalten, wenn keiner der Jobs die entsprechenden Kästchen ankreuzt. Du entscheidest, wo du deine Tage verbringst, was du tust und wie du es tust. Du kannst mehrere Interessen kombinieren, die auf deine einzigartige Persönlichkeit zugeschnitten sind. Schluss mit dem Einschränken.

Wenn du etwas ganz anderes machen willst als das, was du jetzt tust, gibt es einen Bonus: Der Wechsel in die freie Karriere ist einfacher als der Wechsel von Fachgebieten in der Arbeitswelt. Du musst einen Arbeitgeber nicht davon überzeugen, dich zu übernehmen und du brauchst keinen perfekt abgestimmten Lebenslauf.

Ein freier Mensch kann schnell einen Status in einem neuen Bereich aufbauen, den Übergang zu so ziemlich allem machen, was ihm gefällt und sich ständig weiterentwickeln, wenn er wächst und sich verändert.

In diesem Buch wirst du nicht ziellos nach deiner Traumlösung suchen, du wirst lernen, wie du die Zügel in die Hand nimmst und etwas erschaffst. Die Bezahlung? Dein Leben, das jeden Tag in voller Farbenpracht gelebt wird.

Was dir dein Berufsberater in der Schule nie erzählt hat

„Reich wird man nicht durch das Geld, das man verdient, sondern durch das Geld, das man nicht ausgibt." ~ John D. Rockefeller

Bis vor kurzem haben die meisten Leute einen Deal gemacht: „Ich werde arbeiten (in einem Job, den ich nicht unbedingt liebe) und dafür ein Gehalt bekommen, auf das ich mich verlassen kann. Das Ziel war ein Job fürs Leben: den ganzen Tag arbeiten und dann am Wochenende und im Ruhestand „genießen". Aber dann wurden die Arbeitszeiten länger und die Arbeitsplätze weniger sicher. Schaue dir jetzt deinen Arbeitsvertrag an: Was ist deine Kündigungsfrist? Ein Monat? Drei Monate? Dass ist genau das, was du an Sicherheit hast. Mach dir nicht vor, dass du eine Dauerhaftigkeit besitzt. Natürlich hat uns die Berufsgeneration auch gesagt, dass wir bei harter Arbeit einen großartigen Ruhestand bekommen würden.

Wenn wir bei diesem seelenraubenden Job bleiben würden, könnten wir mit 60 Jahren fabelhaft leben, reisen und eine königliche Zeit haben (vorausgesetzt, man schafft es so weit).

Warte eine Minute... wären es die gleichen Pensionspläne, die beim Crash von 2008 in die Röhre gingen? Wo Tausende und Abertausende von normalen Menschen, die ihr ganzes Leben für den Traum am Ende gearbeitet hatten, festsaßen?

Analysten gehen davon aus, dass ein großer Teil der Bevölkerung erst in den 70er oder 80er Jahren in den Ruhestand gehen kann. Eine lange Zeit des Wartens. Dieser Karriere-Käfig-Deal sieht jetzt nicht mehr so heiß aus. Das ist die neue Realität des Arbeitsplatzes. Die Frage ist: Spielst du immer noch nach den alten Regeln?

„Wer den ganzen Tag arbeitet, hat keine Zeit, Geld zu verdienen"

Die alten Regeln

Jobs waren nicht immer der Standardweg, um Geld zu verdienen. Vor der industriellen Revolution in den späten 1800er Jahren wurde die Arbeit für sich selbst als normale und lobenswerte Tätigkeit angesehen. Als jedoch Fabriken entstanden, änderten sich

die Prioritäten. Die Fabriken benötigten normgerechte Mitarbeiter, um die Regeln einzuhalten. Bald wurden Innovation, Individualität und kreatives Denken nicht mehr als wertvolle Fähigkeiten für die Mehrheit der Bevölkerung angesehen. So haben wir vor all den Jahren unsere Karriere-Käfigarbeiter geschaffen: Zahnräder in einer Fabrik – und dann wurde die Fabrik zu einem Büro. Mach deinen Job, stell keine Fragen. „Arbeit ist nicht etwas, das dir Spaß machen soll".

Wir haben gelernt, kompetent zu sein, uns anzupassen, sodass wir eine gute Karriere haben können. Plötzlich funktionierten die alten Regeln nicht mehr. Die Automatisierung von Jobs hat begonnen.

Heute kann ein Computer die Arbeit von einem Dutzend Menschen in so unterschiedlichen Rollen wie Dateneingabe, Technik und sogar Recht verrichten. Als dieser Wandel die Welt erschütterte, kam das Internet hinzu und die Globalisierung nahm ihren Lauf. Arbeitsplätze in bisher unantastbaren Branchen wurden nach Indien, China und wer auch immer es am billigsten machen würde, ausgelagert.

Dann, beim Zusammenbruch der Wirtschaft im Jahr 2008, wurden viele der verbleibenden Arbeitsplätze zusammengeführt; ich wette, du kennst mindestens eine Person, die derzeit die Arbeitslast deckt, die bisher von zwei Personen getragen wurde. Plötzlich änderte sich das Spiel. Und der Mythos vom sicheren Job änderte sich damit.

Arbeitsplätze sind eine dumme Idee in dieser Wirtschaft

Hier ist der Grund dafür:

1. Jobs sind riskant

Da die Arbeitsplatzsicherheit für die meisten Menschen quasi nichtexistent ist, ist die Beschäftigung gleichbedeutend mit einer selbständigen Tätigkeit mit nur einem einzigen Kunden (deinem Arbeitgeber). Und wie jeder Unternehmensexperte dir sagen wird, ist es ein sehr riskantes Geschäft, in einem turbulenten Markt zu 100 Prozent von einem Kunden abhängig zu sein. Wenn sie in Schwierigkeiten geraten, ist dein Einkommen verloren.

2. Jemand anderes hat die Kontrolle über dein Leben

Als Mitarbeiter ist die Realität, dass du nur wenig Kontrolle über die Quelle deines Einkommens hast. Nenn mich verrückt, aber ich will nicht, dass jemand anderes entscheidet, ob ich mein nächstes Gehalt bekomme oder auf der Straße lande.

Ich habe festgestellt, dass viele meiner Freunde im Beruf Angst vor der Wirtschaft haben und nervös sind, was der „Vorstand" als nächstes entscheiden wird. Im Gegensatz dazu sehen meine „freien" Freunde jede Veränderung als Chance (tatsächlich wurden viele der größten Unternehmen der Welt von Unternehmern gegründet, die den Moment in Rezessionen genutzt haben), denn es geht hier nicht darum, einmal einem Job zu entkommen. Es geht um die Freiheit, die entsteht, wenn du weißt, wie du zu deinen eigenen Bedingungen Geld verdienen kannst. Wahre Freiheit bedeutet, mit den Veränderungen tanzen zu können, anstatt Opfer der eigenen Umstände zu sein.

3. Arbeitsplätze sind nicht zu gebrauchen

Wenn du in einem Job arbeitest, hat jemand anderes die Kontrolle darüber, was du tust, wann du arbeitest, was du verdienst, woran du arbeitest und wann du dir einen freien Tag nehmen kannst. Du verzichtest auf die Wahl über das, was du jeden Tag für die meiste Zeit deines Lebens tust, im Austausch für eine Entlohnung. Das ist der „Beschäftigungskompromiss".

Wenn die Arbeitsplätze unsicherer denn je sind und die freien Einkommen einfacher zu schaffen sind als je zuvor in der Geschichte, ergibt dieser Kompromiss dann wirklich Sinn? Während sich alle um dich herum gleichzeitig über ihren Job beschweren und Angst davor haben, ihn zu verlieren, erfährst du im Folgenden, wie du frei und glücklich werden kannst.

- Wie ein „freies" Geschäft aussieht:
- Keine Finanzierung oder Verschuldung erforderlich;
- Starte jetzt mit unter 100€;
- Es sind keine teuren Räumlichkeiten erforderlich, um loszulegen;
- Auf der Grundlage deiner Persönlichkeit, deiner Leidenschaften und des Lebens, das du willst;
- Spielerisch, flexibel und veränderbar wie es dir gefällt.

Perfekt für den Moment: günstig in der Anschaffung, sehr profitabel und in der Lage, um dich herum geformt zu werden. Die Wahrheit ist, dass es keinen Grund gibt, warum du für jemand anderen arbeiten solltest, wenn du es nicht willst. Vor der Bürotür warten fabelhafte Abenteuer und ein Leben voller Entdeckungen.

Versagt nicht die Mehrheit der Kleinunternehmen?

Das ist der Showstopper. Du bist ganz aufgeregt über die Möglichkeiten...und dann hörst du das. Platsch. Mit dieser einen Zeile werden alle Träume, dich zu befreien, zunichte gemacht. Das Problem ist, dass dieser „Fakt" einfach nicht wahr ist. Viele Menschen wollen sich nicht mit Familie und Freunden auseinandersetzen müssen, die immer skeptisch gegenüber ihren Erfolgsaussichten waren. Du hast wahrscheinlich die Statistik gelesen, die aussagt, dass 50 Prozent der Unternehmen in den ersten zwei Jahren scheitern, aber diese Statistik basiert in der Regel auf der Schließung von Geschäftskonten und nicht der Schließung von Unternehmen.

Wenn du die Zahl den Unternehmen entfernst, die die Bankkonten ändern, sobald einleitende Geschäfte auslaufen oder die Anzahl der Unternehmen, die aufgelöst werden, weil der Gründer ein lukratives Jobangebot annahm oder ein anderes Geschäft begann, sinkt die sogenannte Ausfallrate drastisch. Zu sagen, dass ein Unternehmen gescheitert ist, weil jemand weitergezogen ist, ist dasselbe wie zu sagen, dass jeder, der seinen Job gekündigt und zu einem anderen übergegangen ist, an diesem Job „gescheitert" ist (auch wenn eine Person gegangen ist, um eine Beförderung anzunehmen).

Das ist absurd, oder? Ja, natürlich scheitern einige Unternehmen im herkömmlichen Sinne – aber unter uns: ein Blick auf ihre Website und Ansätze macht in der Regel ziemlich deutlich, warum. Es geht hier nicht um zufälliges Glück. Es gibt spezifische Dinge die zu tun sind, um sicherzustellen, dass dies funktioniert.

Wir werden diese in der zweiten Hälfte des Buches erforschen (und denke daran, mit

einem freien Geschäft versinkst du nicht in viel Geld und stellst dein Haus nicht aufs Spiel! Du fängst klein an – du kannst sogar noch in deinem jetzigen Beruf loslegen – und es ausspielen, um eine maßgeschneiderte Karriere zu schaffen, die du liebst und die mehr als nur die Rechnungen bezahlt).

Warum es nicht verhandelbar ist, das zu tun, was du liebst

„Wer die Freiheit aufgibt, um Sicherheit zu gewinnen, wird am Ende beides verlieren." ~ Benjamin Franklin

Tue, was du liebst. Dies ist der Ausgangspunkt eines jeden freien Lebens und doch ist es ein Traum, von dem uns gesagt wurde, dass er ein Stück Luxus ist. Öffne fast jedes Wirtschaftsbuch und du wirst feststellen, dass die Frage

„Was du wirklich mit deinem Leben anfangen sollst" nicht einmal auftaucht. Du könntest leicht den Eindruck gewinnen, dass das, was du liebst, abgegrenzt davon ist, ob du erfolgreich bist oder gutes Geld verdienst. Was in Ordnung wäre, außer, dass es nicht die Realität widerspiegelt.

Wenn du die Wege von Unternehmern und Visionären auf der ganzen Welt betrachtest, entsteht ein Muster: Diejenigen, die erfolgreich sind, lieben, was sie tun. Sie vergöttern es regelrecht. Zum Beispiel sagte der verstorbene Steve Jobs: „Man muss das finden, was man liebt...". Der einzige Weg, wirklich zufrieden zu sein, ist das zu tun, wovon du glaubst, dass es eine großartige Arbeit ist. Und der einzige Weg, großartige Arbeit zu leisten, ist zu lieben, was du tust.

Oder mit den Worten von Paul Graham: „Es ist schwer, bei allem, woran man unter der Dusche nicht denkt, einen wirklich guten Job zu leisten". Sogar Menschen, die öffentlich sagen, dass das Ziel des Spiels darin besteht Geld zu verdienen, um eine bestimmte Art von Leben zu finanzieren, folgen diesem Muster.

Tim Ferris schlägt in dem (ansonsten ausgezeichneten) Buch „The 4-Hour Workweek" vor, dass der Sinn darin besteht, die Arbeit, die du leistest, nicht zu lieben, sondern eine „Muse" (Unternehmen mit geringem Zeitaufwand) zu finden, mit der du so wenig Stunden wie möglich arbeitest, um einen maximalen Gewinn aus deiner Zeit zu erzielen. Ich stehe voll hinter dem letzten Teil!

Aber die Annahme, dass man nicht lieben muss, was man tut, um dorthin zu gelangen, ist fragwürdig.

Ferris' eigene „Muse" war ein Sportergänzungsunternehmen und wie er in seinem zweiten Buch erklärt, ist die Verbesserung der Funktionsweise des Körpers sein größtes Interesse. Er wurde zuerst für seinen Ansatz bekannt, den effizientesten Weg zu Ergebnissen zu finden: etwas, dass er jeden Tag in seinem eigenen Leben mit Leidenschaft tut. Seine Erfolge und die anderer Menschen waren keine Ideen, die aus der Luft gegriffen wurden – ohne Bezug zu ihrer Persönlichkeit oder ihren Interessen.

Das zu tun, was du liebst, ist nicht nur eine Art Zweck, es zu tun, sondern es ist auch dein Weg, es zu einem Erfolg zu machen. Wenn du nicht liebst, was du tust, dann garantiere ich dir, dass du es fallen lassen wirst, egal wie intelligent das Konzept ist. Ich habe gesehen, wie Hunderte von perfekten Ideen fallen gelassen wurden, da jemand sie ausgewählt hat, weil sie „clever" waren und nicht weil sie es wirklich geliebt haben. Spare dir Zeit und sei ehrlich, was du im Voraus willst.

Überzeugungen

Die meisten von uns sind 12 bis 20 Jahre unseres Lebens zur Schule gegangen, um Mathematik, Geschichte, Naturwissenschaften, Geographie und Grammatik zu lernen, aber wir haben nie das wichtigste Fach von allen gelernt: wie man erfolgreich ist.

Alle Fähigkeiten und Prinzipien des wirklichen Lebens, die notwendig sind, um erfolgreich zu sein, werden in der Schule nie unterrichtet. Sie werden auf dem harten Weg durch Probieren und Versagen, durch Versagen in Beziehungen, durch Versagen im Geschäft, durch Depression und Verzweiflung gelernt. Der Weg zum Erfolg kann lang und schwierig sein, weshalb so viele Menschen ihre Träume und Ziele einfach aufgeben. Ich werde dir zeigen, wie du den Erfolg erzielen kannst, den du dir wünschst, ohne den Kummer und ohne Jahre des Bemühens. Ich habe herausgefunden, dass Erfolg im Leben überhaupt nicht schwer sein muss. Die Realität ist, dass der Erfolg einfach ist – aber nur, wenn man die Formel kennt. Der eine Schlüsselfaktor, den alle erfolgreichen Menschen haben, ist nichts anderes als Überzeugungen. Überzeugungen von sich selbst, Überzeugungen in Bezug auf die Verwirklichung ihrer Träume, Überzeugungen in Bezug auf die Tatsache, dass sie alles haben, was sie gerade jetzt brauchen, um in Richtung des gewünschten Lebensstils zu gelangen.

Der Hauptunterschied zwischen erfolgreichen Menschen und der Durchschnittsperson besteht darin, dass erfolgreiche Menschen an sich selbst, an ihre Fähigkeiten und ihren Glauben so stark glauben, dass sie ohne Zweifel wissen, dass sie ihre Ziele erreichen werden. Es ist diese Denkweise, die dich zum Erfolg führen wird.

Es ist einfacher, als du denkst

Du musst nicht nur glauben, dass es möglich ist, dein Leben zu verändern, sondern auch glauben, dass es einfacher sein kann, als du denkst. Lass es mich erklären. Warst du schon mal in Gesellschaft von jemandem, der immer einen Grund dafür hat, warum die Dinge schwierig sind? Wenn du diese Art von Person fragst, wie es ihr geht, könnte die Antwort lauten: „Oh, Ich komme zurecht". Die traurige Wahrheit ist, dass die meisten Menschen die Denkweise vertreten, dass das Leben hart ist. Erfolg ist schwer. Abnehmen ist hart. Eine Million Euro zu verdienen ist schwer. Ich bin sicher, dass das nicht auf dich zutrifft, aber vielleicht kennst du jemanden, der so ist.

Hier ist ein „Geheimnis". Frag Donald Trump als Geschäftsmann wie einfach es für ihn ist, eine Million Dollar zu verdienen – und was denkst du, würde er dir sagen? Ziemlich offensichtlich, oder? Er würde dir sagen, dass es die einfachste Sache der Welt ist.

Du würdest mir wahrscheinlich zustimmen, wenn ich sagen würde, dass die durchschnittliche Person es für extrem schwierig hält, über 100.000€ pro Jahr zu verdienen.

Aber wenn du eine beliebige Anzahl von Millionen-Euro-Geschäftsinhabern fragen würdest, wie einfach es für sie wäre, sechsstellige Beträge zu verdienen, garantiere ich dir, dass sie dir sagen werden, dass es einfach ist. Es mag harte Arbeit sein, aber sie verfügen über absolute Gewissheit.

Diese Unternehmer haben keinerlei Zweifel an der Tatsache, dass sie erfolgreich sein werden. Sie haben vollstes Vertrauen in sich!

An diesem Punkt könntest du sagen, dass der Grund, weshalb sie denken, dass es einfach ist, darin besteht, dass diese Menschen gut in dem sind, was sie tun. Aber was ich hier vorschlagen möchte, ist genau das Gegenteil. Der Grund, warum erfolgreiche Menschen gut sind, besteht nicht darin, dass sie einfach gut sind, sondern weil sie glauben, dass sie gut sind.

Sie glauben daran, dass sie erfolgreich sein werden. Diese Überzeugung und dieser Glaube schafft die Denkweise, die besagt, dass es für sie wirklich einfach ist, erfolgreich zu sein.

Hier begann mein Leben einen radikalen Wandel in Richtung Erfolg zu vollziehen: Als ich anfing, intensiv erfolgreiche Menschen zu studieren, wurde mir klar, dass sie etwas anderes an sich haben. Sie haben nie darüber gesprochen, dass der Erfolg schwer zu erreichen ist. Sie sprachen über harte Arbeit, aber ihre Denkweise zielte nicht darauf ab, dass es hart war. Ihre Denkweise bestand darin, dass es gewiss war. Alles an ihnen projizierte einen Glauben, eine Überzeugung und eine Gewissheit. Alles an ihnen projizierte das Vertrauen in ihre Fähigkeiten.

Kontrolle der Gedanken

„Wir sind, was wir denken. Alles was wir sind, entsteht mit unseren Gedanken. Mit unseren Gedanken machen wir die Welt" ~ Buddha

In dem Moment, als ich anfing, meine Denkweise zu ändern, fing ich an, meine Gedanken zu kontrollieren, anstatt sie mich kontrollieren zu lassen. Wann immer sich ein negativer Gedanke einschlich, wie „Es ist so schwer", habe ich diesen Gedanken bewusst für mich selbst wiederholt und genau das Gegenteil gesagt: „Es ist so einfach". Ich begann, meine Ausdrucksweise zu kontrollieren, um alle Wörter und Aussagen zu eliminieren, die nicht zu dieser einfachen Philosophie passten.

Ich werde in Kürze tiefer in die Wissenschaft des Geistes hinter dieser Strategie einsteigen, aber bevor ich das tue, möchte ich dir eine Warnung geben. Bitte verwechsle das nicht mit dem Gesetz der Anziehung, bei dem die Leute sagen:

„Alles, was du tun musst, ist darüber nachzudenken, was du willst und es wird zu dir kommen."

Das klingt toll und Schafe glauben daran, weil sie Schafe sind. Damit das klar ist: es wird nichts zu dir kommen. Du musst hinausgehen und es holen. In vielen Fällen muss man sich den Hintern abarbeiten. Du musst deine Träume mit Feuer und Leidenschaft verfolgen. Also sage ich überhaupt nicht: „Arbeite nicht hart". Tatsächlich meine ich das Gegenteil. Ich sage, du solltest das, was du im Leben willst, mit allem, was du hast, verfolgen.

Auf der anderen Seite gibt es viele Menschen, die extrem hart arbeiten und nie etwas erreichen. Erfolg ist wirklich so einfach wie eine Formel:

Die einzige Formel für den Erfolg:
ERFOLG = Deine Fähigkeiten × Deine Bemühungen
(Dein Erfolg ist gleichbedeutend mit deinen Fähigkeiten, multipliziert mit deinen Bemühungen).

Das „einfache" Prinzip ist ein riesiger Multiplikator für dein Können, denn wenn dein Verstand glaubt, dass etwas einfach ist, wird es für dich tatsächlich einfacher. Wenn du denkst, dass etwas einfach für dich ist, hast du weniger Stress und mehr Selbstvertrauen. Selbstvertrauen, auf das ich später in diesem Buch näher eingehen werde, ist ein großer Multiplikator für deinen Erfolg. Je selbstbewusster du bist, desto größer ist die Wahrscheinlichkeit, dass du maximale Anstrengungen unternimmst und desto mehr Erfolg wirst du erzielen.

An dieser Stelle hast du vielleicht eine große Frage: Wie entwickelt man die Denkweise, die besagt, dass alles einfach ist? Glaub einfach daran, dass es einfach für dich ist, weil dein Verstand die Fähigkeit hat, zu glauben, was auch immer du ihm sagst. Das klingt sicher „einfach", nicht wahr? Und für einige Leute ist es dermaßen einfach, dass sie nur einen einzigen Schalter in ihrem Kopf betätigen müssen, um diese Denkweise zu erreichen.

Daran ist definitiv etwas dran; wir machen die Dinge häufig schwieriger, als sie wirklich sind – also ermutige ich dich definitiv dazu,

das einfache Prinzip zu verwenden und zu übernehmen. Für mich war es nicht ganz so einfach.

Als ich mein erstes unternehmerisches Vorhaben in Angriff genommen habe, war ich ein geldloser Student, der in Schulden ertrank und für einen Mindestlohn arbeitete. Meine Vision davon, wo ich mich zu dieser Zeit sah oder meine Identität, war die eines geldlosen Studenten, der den größten Teil seines Lebens arm war. Ich habe ständig darüber gesprochen, wie viel Geld ich nicht hatte und wie pleite ich war. Was zu dem Zeitpunkt geschah, war dass, egal wie viele Ziele ich für mich selbst geschaffen habe, meine wahre Identität, welche von dem Unterbewusstsein kontrolliert wird, dazu trainiert wurde, pleite zu sein.

Ich erinnere mich daran, dass ich 24 Jahre alt war und unglaublich hart gearbeitet habe und somit anfing, ein wirklich solides Einkommen von bis zu 2.000€ pro Woche zu verdienen.

Es war eine völlig neue Erfahrung für mich und völlig außerhalb meines Glaubens, dass ich pleite und in einem ständigen Bemühungszustand war. Ich fing an, die ganze Zeit auszugehen, zu feiern, Geld in lächerliche Investitionen zu stecken, dumme Geschäftsentscheidungen zu treffen und mich im Wesentlichen selbst zu sabotieren. Ich war also innerhalb weniger Monate wieder pleite und sogar noch tiefer verschuldet als je zuvor.

Eine der mächtigsten Triebkräfte im Leben eines Menschen ist die Identität, die er oder sie geschaffen hat. Meine Identität war, dass ich ein ehrgeiziger, fleißiger und geldloser Student war, der immer darum ringen musste, es zu schaffen. Einige Menschen haben eine Identität des ständigen Spätseins, eine Identität des Übergewichts, eine Identität eines schlechten Kommunikators, eines lausigen Geschäftssinns, einer Disziplinlosigkeit oder einer Vielzahl von Überzeugungen über sich selbst, von denen sie im Leben zurückhalten.

Ich bin hier, um dir zu sagen, dass alle einschränkenden Überzeugungen, die du für dich selbst geschaffen hast, absoluter und totaler Schwachsinn und nichts anderes als eine Geschichte sind, die du über dich selbst erfunden hast. Ich möchte, dass du erkennst, dass du die Kontrolle über die Erschaffung der ermächtigenden oder entmachtenden Identität hast, die du dir ausgedacht hast. Ich sage nicht, dass du deine positiven und erst recht nicht deine religiösen Überzeugungen ändern musst.

Was ich damit sagen will, ist dass du die Macht hast, die Überzeugungen zu bewahren, die dich befähigen und zu einem besseren Menschen machen – und du hast die Fähigkeit, die Überzeugungen zu ändern, die dich zurückhalten und die Menge an Erfolg und persönlicher Erfüllung einzuschränken, die du erlebst. Deine Gedanken kontrollieren buchstäblich die Höhe des Erfolgs, den du erzielen wirst.

Was wir uns selbst sagen, prägt unsere Überzeugungen

Die ist die wichtigste Art und Weise, mit der du deine Überzeugungen formen kannst, ist

das, was du über dich selbst sagst und denkst – deine interne Programmierung. Jedes Wort, jede Handlung und jedes Denken dringt in dein Unterbewusstsein ein und führt entweder zu einem negativen oder positiven Ergebnis. Wenn du etwas Negatives einbringst, bekommst du nur ein negatives Ergebnis.

Wenn du etwas Positives hineinlegst, bringst du ein positives Ergebnis hervor. Alles, was du in deinen Geist einbringst, jeder Gedanke, jedes Wort und jede Handlung wird in dein Unterbewusstsein eingetragen und diese „Einlagen" erschaffen tatsächlich, wer du bist. Dein Unterbewusstsein kontrolliert deinen Erfolg vollständig, weil es wesentlich mächtiger ist als dein Bewusstsein. Es glaubt und handelt nach allem, was du ihm sagst. Wenn du dir also sagst, dass du pleite und müde bist und deinen Job hasst, findet dein Unterbewusstsein einen Weg, diese Ergebnisse zu erzielen und zu erhöhen. Wenn du dir sagst, dass du reich, dass du energiegeladen und dass du glücklich bist, fängt dein Unterbewusstsein an, alles in seiner Macht Stehende zu tun, um diese Realität zu schaffen.

Die Macht der Lügen

Hier ist noch ein Trick. Dein Unterbewusstsein kennt nicht den Unterschied zwischen einer Wahrheit und einer Lüge. Es tut einfach sein Bestes, um genau das zu tun, worauf du es programmiert hast. Wenn du also sagst: „Ich bin attraktiv, ich bin selbstbewusst und ich bin Millionär", sagt dir dein Bewusstsein, dass du Nonsens erzählst, aber dein Unterbewusstsein, das viel mächtiger ist, nimmt das als Befehl und arbeitet einen Plan aus, damit du all diese Dinge erreichen kannst. Der Schlüssel dazu ist, dass dein Unterbewusstsein ständig mit ermächtigenden, erhebenden und motivierenden Einlagen gefüllt wird. Wenn du bekennst, was du nicht willst, wirst du tatsächlich eher zu diesem negativen Gedanken, weil du diese Identität immer wieder stärkst. Worauf du dich konzentrierst, erweitert sich.

Das Gesetz der Beständigkeit

„Schon Aristoteles sagte, dass gerade die Wiederholung das A und O einer jeden Veränderung bedeutet"

Die schwierigste Sache der Welt für Menschen ist ihre Identität zu ändern, denn sie ist das, was sie glauben zu sein. Es gibt ein wichtiges Gesetz der menschlichen Natur namens Beständigkeit, das besagt, dass wir einen natürlichen Drang und eine Tendenz haben, mit dem in Einklang zu bleiben, von dem wir denken, dass wir es sind. Wenn du deine Identität so programmiert hast, dass du übergewichtig bist, möchtest du vielleicht im Bewusst dünn werden, doch im Unterbewusstsein hast du deinen Geist so programmiert, dass er davon ausgeht, dass du eine übergewichtige Person bist.

Weil dein Unterbewusstsein so viel mächtiger ist als dein Bewusstsein, tut es alles, was es kann, um dich mit der Identität einer übergewichtigen Person in Einklang zu bringen.

Wenn du auf allen Arten von Diäten gewesen bist, aber nichts funktioniert hat, schlage ich vor, die Grundursache zu untersuchen, um herauszufinden, warum du übergewichtig bist. Ich kann dir versprechen, dass es nicht daran liegt, dass die „Diät" nicht funktioniert hat. Gewicht zu verlieren ist eigentlich eine unglaublich einfache Formel; wenn du mehr Kalorien verbrennst, als du konsumierst, verlierst du Gewicht. Wenn du mehr Kalorien zu dir nimmst, als du verbrennst, nimmst du zu. Was dich mehr als alles andere übergewichtig werden lässt, ist dein mentaler Prozess und deine Identität bezüglich des Übergewichts.

Manchmal behaupten Menschen, dass sie einfach nicht die Willenskraft haben, Gewicht zu verlieren. Indem du einfach die Worte „Ich habe nicht die Willenskraft" aussprichst, bringst du dich dazu zu glauben, dass es wahr ist.

Weil du eine Identität des Übergewichts hast, wirst du natürlich „unwiderstehliche" Sehnsüchte haben, weil dein Unterbewusstsein ständig nach Wegen sucht, dich übergewichtig zu halten, um die Identität zu bewahren, die du für dich selbst geschaffen hast. Worauf du dich konzentrieren solltest, ist deine Vision und deinen Glauben an dich selbst zu ändern. Jedes Mal, wenn du anfängst, nachzudenken oder dir selbst zu sagen, dass du dick bist, drehst du den Satz um und sagst: „Ich bin vollkommen fit, gesund und attraktiv".

Bitte lass dich nicht entmutigen. Du hast deine Identität über Jahre hinweg geformt, indem du unterbewusst programmiert hast, sodass du vielleicht nicht in der Lage bist, eine negative Identität über Nacht zu ändern. Konzentriere dich darauf, jeden negativen Glauben mit einem neuen positiven Glauben zu überwinden und du wirst nach und nach zu der gesunden, positiven Person, die du wirklich sein willst.

Du gewinnst kein Vertrauen in dich selbst, nachdem du Erfolg hattest. Du gewinnst Vertrauen in dich selbst, bevor du überhaupt Erfolg hast. Überzeugungen und Selbstvertrauen kommen vor dem Ergebnis des Erfolgs. Die Überzeugung ist der Sprung des Glaubens, der dich dorthin führt, wo du wirklich sein willst. Wirf also einen Blick auf das, was du in deinem eigenen Leben verbessern willst und schaue dir dann aufrichtig an, wie du deine Identität durch deine Worte, Gedanken und Taten erschaffen hast.

Um dich zu verändern, musst du dir zuerst deiner entmutigenden Worte und Gedanken bewusst werden und sie dann umdrehen, um bestätigend zu erklären, was du willst.

Wenn du die ganze Zeit zu spät kommst, hast du es einfach als Teil deiner Identität erschaffen. Wenn du schlecht im Zeitmanagement bist und tagsüber nichts erreichen kannst, hast du einfach in deine Identität aufgenommen, dass du schlecht im Zeitmanagement bist. Wenn du ein schlechter Redner bist, hast du das einfach zu deiner Identität gemacht. Die gute Nachricht ist, dass du negative Aspekte deiner Persönlichkeit nur deshalb als realistisch betrachtest, weil du davon ausgehst, dass es wahr ist.

„Das Geheimnis des Wandels: Konzentriere nicht all Deine ganze Kraft auf das Bekämpfen des Alten, sondern darauf, das Neue zu formen" ~ Sokrates

Nachfolgend erfährst du, wie du dein Leben in eine positive Richtung lenken kannst: Erstens solltest du aufhören, etwas Negatives über dich selbst zu deklarieren, damit es wahr ist! Ich höre die Menschen häufig sagen: „Es gibt einfach nicht genug Zeit am Tag". Weißt du was? Jedes Mal, wenn du das sagst, machst du es für dich selbst wahrer. Wenn du Schwäche bekennst, wirst du schwach. Wenn du Feigheit bekennst, wirst du zum Feigling. Wenn du dich zum Hass bekennst, erhältst du Hass.

Fange jetzt an, Reichtum, Gesundheit, Glück, Liebe und alles, was du willst, für dein Leben zu deklarieren und du wirst anfangen, eine Identität aufzubauen, die es dir erlaubt, die Person zu sein, die du sein willst. Schwelge nicht eine Sekunde länger als nötig in der Mittelmäßigkeit. Der Grund, warum Durchschnittsmenschen durchschnittlich sind, ist dass sie ihr ganzes Leben lang unglücklich herumlaufen und Dinge sagen wie: „Wenn ich nur den richtigen Mann oder die richtige Frau finden kann, dann werde ich glücklich sein".

Leider funktioniert das Leben nicht so. Was auch immer du anziehen möchtest – du musst diese Art von Person sein, bevor du irgendwelche Ergebnisse bekommst. Dein Traumpartner ist wahrscheinlich jemand, der mit jemandem zusammen sein will, der bereits glücklich und begeistert vom Leben ist.

Bis du die Art von Person bist, die ihn oder sie anzieht, wirst du diese Person nie haben. Denke daran, dass du nie haben und dann sein kannst; du musst sein und dann wirst du es haben.

Maßnahmenmanagement für Höchstleistungen

„Der ideale Tag wird nie kommen. Er ist heute, wenn wir ihn dazu machen" ~ Horaz

Eine der wichtigsten Eigenschaften fast jedes Millionärs, den ich kenne, ist dass er oder sie sich auf das Zeitmanagement konzentriert. Ich persönlich kann mit dem Begriff „Zeitmanagement" immer schwer umgehen, da man die Zeit in Wirklichkeit nicht managen kann. Aber du kannst die Maßnahmen steuern. In diesem Kapitel geht es also darum, dir dabei zu helfen, die Kunst und Wissenschaft des Maßnahmenmanagements zu beherrschen. Ich habe Tausende von Euro für verschiedene Programme und Seminare ausgegeben, die nach dem perfekten Zeitmanagementsystem suchen. Leider scheint dieses perfekte System nicht zu existieren. Aber indem ich mir die besten Stücke zusammengesucht habe, kam ich auf eine Idee, die meiner Meinung nach so perfekt wie möglich ist.

Was ich mit dir teilen werde, ist das genaue Maßnahmenmanagement-System, das ich täglich benutze, um mich auf das Erzielen von Ergebnissen zu konzentrieren und gleichzeitig meine Freizeit zu maximieren, damit ich sie mit meiner Familie genießen kann.

Ich glaube von ganzem Herzen, dass ich in drei Stunden das erreichen kann, was der durchschnittliche Mensch in acht Stunden tut, weil ich meine Aktivitäten so gut beherrsche – und wenn ich das kann, kannst du es erst recht. Der Schlüssel zu einem freien Millionär führt zu massiven Ergebnissen und hat gleichzeitig ein enormes Maß an Freizeit, um das zu tun, was du liebst. Es gibt absolut keinen Grund, warum du nicht beides haben kannst!

Hier ist das Goldstück zum Thema Zeitmanagement. Hör auf, dir selbst zu sagen: „Es gibt einfach nicht genug Zeit am Tag." Jedes Mal, wenn du diese Aussage machst, stärkst du deine Identität als jemand, der nicht genug Zeit hat. Je mehr du solche Dinge sagst, desto mehr machst du sie zur Realität und endest in diesem Teufelskreis aus Mangel und Knappheit. Fazit – diese Aussage ist schwach und jedes Mal, wenn du sie aussprichst, machst du dich noch schwächer. Das mag hart klingen, aber es ist diese Härte, die ich bei mir selbst anwenden musste. Das schien mein tägliches Mantra zu sein. Jedes Mal, wenn ich gesagt habe, dass am Tag nicht genug Zeit ist, habe ich die Schuld auf etwas anderes als mich selbst übertragen. Ich hatte immer eine Ausrede, wenn ich nicht alles erledigt habe. Schließlich war es nicht meine Schuld! Es war die Schuld der Zeit.

So habe ich es gewendet. Jedes Mal, wenn ich anfing, nachzudenken oder zu sagen: „

Es gibt einfach nicht genug Zeit am Tag", drehte ich die Aussage um und sagte mir: „Es gibt mehr als genug Zeit am Tag." Ich musste meine interne Programmierung ändern, da sie sich auf die Zeit bezieht. Ich musste mein Unterbewusstsein neu programmieren, um zu glauben, dass ich viel Zeit hatte alles zu erledigen. Als ich meine Programmierung änderte, machte ich einen Quantensprung in meiner Produktionsfähigkeit.

Versteh mich jetzt nicht falsch. Gibt es Tage, an denen ich nicht alles fertig bekomme, was ich erreichen will? Natürlich. Aber indem ich meine inneren Überzeugungen in Bezug auf die Zeit verschoben habe, befinde ich mich jetzt an einem Punkt der Macht und nicht an einem Punkt der Schwäche.

Der erste Schritt ist die Übernahme der Verantwortung für die Tatsache, dass jeden Tag viel Zeit bleibt, um das zu tun, was du tun willst. Wir alle haben die gleiche Anzahl von Stunden an einem Tag. Die Zeit ist nicht der Feind, sondern deine Überzeugung davon.

Lege eine Zeit fest, um deinen Tag zu planen

Nimm dir die Zeit, um deinen Tag zu planen. Ich finde es persönlich immer am besten, am Ende des Tages kurz vor dem Schlafengehen zu planen. Ich habe am Abend mehr Klarheit, wenn ich nicht unter Druck stehe, den Tag am Morgen kurz vor dem Start zu planen. Während du planst, zeichne dir ein mentales Bild davon, was du am nächsten Tag tun wirst. Während du schläfst, hat dein Verstand Zeit, dieses mentale Bild aufzunehmen. Du wirst am nächsten Morgen mit einem klaren Kopf aufwachen, um alles zu erreichen, was du tun willst. Ich fordere dich dringend auf, diese Strategie für die nächsten 90 Tage auszuprobieren. Ich verspreche dir, dass du produktiver als je zuvor sein wirst, wenn du dich daran hältst.

Strategie für das Maßnahmenmanagement

1. Teile jeden Tag (zum Beispiel direkt vor dem Schlafengehen) die Zeit ein, die du für den nächsten Tag planst.
2. Erstelle eine Liste mit allem, was du am nächsten Tag erledigen möchtest.
3. Priorisiere deine Liste nach den Prioritäten A, B und C.
4. Ordne die Prioritäten A, B und C in der Reihenfolge an, in der du sie vervollständigen möchtest.

5. Definiere ein Zeitlimit für jede A- und B-Priorität. Addiere die Zeit, um sicherzustellen, dass du nicht mehr planst, als du an einem Tag erledigen kannst.
6. Lege in deinem Zeitplan Termine fest, um jede A- und B-Priorität zu erfüllen.
7. Plane Zeit ein, um E-Mails zu lesen und zu beantworten.

Der Anfang

"Erfolg ist nicht der Schlüssel zum Glück. Glück ist der Schlüssel zum Erfolg. Wenn du liebst, was du tust, wirst du erfolgreich sein". ~ Albert Schweitzer

Möglicherweise hast du bereits ein Unternehmen oder zumindest eine Geschäftsidee. Wenn du jedoch so bist, wie ich es war, als ich anfing, hast du keine Ahnung, welches Geschäft du starten willst, sondern weißt nur, dass du anfangen willst.

Nur weil du vielleicht keine Erfahrung im Verkauf eines bestimmten Produkts oder einer bestimmten Dienstleistung hast, bedeutet das nicht, dass du in dieser Art von Geschäft nicht erfolgreich sein kannst.

Als ich zum Beispiel mein erstes Online-Marketing-Geschäft begann, habe ich noch nie ein Online-Geschäft geführt und noch nie etwas online vermarktet. Ich hatte keine Erfahrung. Aber es war etwas, das mich interessierte und begeisterte. Noch wichtiger ist, dass es etwas war, von dem ich glaubte, dass ich es schaffen würde.

Wenn es ein Element gibt, das wichtiger ist als jedes andere, dann ist es das Wort „Überzeugung". Ob du glaubst, dass du es kannst, ob du glaubst, dass du es nicht kannst, du hast Recht.

Bevor wir den Prozess durchlaufen, um dir dabei zu helfen, dich zu entscheiden, welche Art von Geschäft du starten sollst, möchte ich ein paar Dinge ansprechen, die noch wichtiger sind, weil sie zu den grundlegenden Charakterzügen fast jedes unglaublich erfolgreichen Unternehmers gehören, mit dem ich im Laufe der Jahre gearbeitet oder ein Interview geführt habe.

Falsche Illusionen

Eine der größten Gefahren, die ich bei frischen Selbstständigen sehe, ist dass sie in ihrem Kopf diesen Traum haben, wie ihr Unternehmen aussehen wird. Sie denken darüber nach, wie wunderbar es sein wird, der eigene Chef zu sein. Sie stellen wilde Prognosen auf, wie viel Geld einfließen wird, ohne die vielen Herausforderungen zu berücksichtigen, die mit Sicherheit kommen werden. Traurigerweise geben sie auf, weil sie diese Herausforderungen schon früh erleben, lange bevor sie Erfolg haben.

Wichtiger als jede Geschäftsidee oder jeder strategische Plan sind deine Kerneigenschaften, da sie sich auf deinen Geschäftserfolg beziehen. Diese Elemente sind dein brennender Wunsch und deine beharrliche Entschlossenheit, erfolgreich zu sein – egal, was es kostet. Neben dem Wunsch und der Entschlossenheit, im Geschäft zu gewinnen, musst du auch einen großen Traum haben und bereit sein, herumgeschubst zu werden.

Als ich neu im Geschäft war, dachte ich, dass die Gründung eines Unternehmens weitaus weniger herausfordernd war, als es wirklich der Fall war und berücksichtigte nicht die vielen Abschwünge, denen ich ausgesetzt sein würde. Diese lästigen

Herausforderungen kamen immer wieder und ich dachte: „Ich armer Kerl". Ich redete mir ein, dass ich Pech hatte, weil mir so viele Probleme immer wieder in die Quere kamen.

Meine Rettung war die starrköpfige Entschlossenheit, um diese Hindernisse zu überwinden. Einer der Hauptgründe, wenn nicht sogar der Hauptgrund, warum viele Unternehmen scheitern, liegt darin, dass Geschäftsinhaber die unvermeidliche Flut von Herausforderungen nicht richtig voraussehen. Obwohl du nie alle Herausforderungen identifizieren kannst, denen dein Unternehmen gegenübersteht, musst du wissen, dass sie kommen werden. Du kannst den ganzen Tag hoffen und wünschen, dass du sie nicht durchlaufen musst, aber ich kann garantieren, dass sie immer entstehen werden. Die Gründung eines Unternehmens bedeutet, sich täglich mit Problemen auseinanderzusetzen und diese zu lösen.

Der beste Ratschlag bezüglich der Probleme, den ich dir geben kann, wurde mir einmal von einem Geschäftsmann mitgeteilt:

Anstatt zu hoffen, dass du keine Probleme hast, erwarte und schätze sie.

Wenn du Probleme erwartest und schätzt, kannst du dich vom „Armes Ich"-Syndrom fernhalten, das nur negative Ergebnisse liefert.

Lass uns die beiden aufschlüsseln:

1. Erwarte Probleme:
Indem du Probleme erwartest, entwickelst du eine Denkweise, die besagt, dass sie völlig normal und nur ein Routineaspekt des Geschäftslebens sind. Wenn die Probleme als Routine angesehen werden, wirst du dich nicht mit Stress ausbrennen und du wirst in der Lage sein, eine positive Einstellung zu entwickeln, um negative Situationen anzugehen, wann immer sie auftreten.

2. Sei dankbar für Probleme:
Die Dankbarkeit war für mich etwas schwieriger zu akzeptieren. Dankbar für Probleme zu sein, erschien mir abwegig. Aber nachdem ich etwas tiefer gegraben hatte, konnte ich zwei wichtige Gründe erkennen, um dankbar zu sein. Erstens bin ich dankbar, dass mir Herausforderungen gegeben wurden, die ich von Anfang an haben sollte.

Die Mehrheit der Bevölkerung ist in einer erbärmlichen Existenz gefangen und ist die meiste Zeit ihres Lebens Sklaven eines anderen.

Wenn ich ein paar Herausforderungen meistern muss, um die Freiheit zu haben und das Leben nach meinen Bedingungen zu leben, bin ich wirklich dankbar dafür.

Wenn du dein eigener Chef sein, das Leben nach deinen Bedingungen leben und dein Geld für dich arbeiten lassen möchtest, nimm deine Herausforderungen an und sei dankbar dafür. Wenn du das tust, kann ich dir versprechen, dass nicht nur dein Leben viel einfacher und erfüllter sein wird, sondern dass du auch die Einstellung hast, hartnäckig zu bleiben, um eine große Zukunft aufzubauen. Auch hier gilt: Der wichtigste Charakterzug zur Verwirklichung deiner Träume ist dein brennender Wunsch und deine hartnäckige Entschlossenheit, zu gewinnen.

Folge deiner Leidenschaft

Wenn du für dich selbst ins Geschäft einsteigen willst, dann steig in ein Geschäft ein, wofür du eine Leidenschaft hast. In den meisten Fällen, besonders zu Beginn, wirst du mehr Stunden mit deinem Geschäft verbringen, als dir lieb ist. Wenn du leidenschaftlich an deinem Geschäft interessiert bist, werden diese Überstunden nicht nach zusätzlicher Arbeit aussehen. Stattdessen werden sich diese Überstunden eher wie ein Abenteuer anfühlen. Über Jahre hinweg war ich in Geschäfte involviert, die mir nicht besonders am Herzen lagen, doch sie waren eine große Einnahmequelle.

Obwohl ich keine Leidenschaft für vergangene Geschäfte hatte, die Millionen von Euro generierten (Online-Verkauf von Websites und Leads), nutzte ich diese Geschäfte, um Geld zu verdienen.

Aber der eigentliche Vorteil war, dass es mir zeigte, was ich genoss, nämlich die kreative Seite des Marketings. Sobald du weißt, was du an einem bestimmten Geschäft magst und nicht magst, kannst du deine Geschäftsentscheidungen einschränken, um dich auf deine größte Leidenschaft zu konzentrieren und gleichzeitig alles zu minimieren, was dir nicht gefällt.

In vielen Fällen wird dein erstes Geschäft nicht das perfekte Geschäft für dich sein. Was dein erstes Geschäft dir zeigen kann, ist welche Teile des Geschäfts du genießt. In manchen Fällen wirst du nicht genau wissen, was dir gefällt oder nicht gefällt, bis du tatsächlich anfängst, dein Geschäft zu führen. Deshalb ist es wichtig, nicht zu zögern oder zu warten, um ein Unternehmen zu gründen und zu führen. Jedes Unternehmen wird eine Lernerfahrung für dich sein, also ist es der Schlüssel loszulegen. Du wirst du überrascht sein, wie schnell dein Glück und dein Einkommen steigen können, sobald du wirklich ein Geschäft identifizierst, wofür du völlig leidenschaftlich bist.

Bevor du ein Geschäft startest, stelle dir zuerst folgende Fragen:

- Wofür empfinde ich die größte Leidenschaft?
- Was weiß ich darüber?
- Worüber fragen mich die Leute nach Ratschlägen?
- Was kann ich wirklich gut?
- Worin liegen meine Erfahrungen?
- Woran denke ich die ganze Zeit?
- Worüber rede ich gerne?

Ob es sich nun um Erfahrungen aus dem Beruf, Fähigkeiten, die du aus einem Hobby entwickelt hast oder einfach um etwas, über das du sprichst, weil es dich interessiert – jedes einzelne ist ein wichtiges Element, das helfen kann, festzustellen, welche Art von Geschäft du betreiben sollst.

Denke daran: es gibt keinen einzelnen „besten" Weg, um ein Millionär zu werden. Jeder Mensch hat unterschiedliche Interessen, Stärken und Wünsche.

Letztendlich musst du deinen eigenen Weg zum Erfolg finden. Jeder hat eine andere Leidenschaft, die die Grundlage dafür bildet, um ein Millionär zu werden.

Wenn du dein Leben mit dem anreicherst, wofür du am leidenschaftlichsten bist, wird das Leben plötzlich so aufregend, dass Geld eigentlich irrelevant ist. Versteh mich jetzt nicht falsch. Ich will, dass du Millionär wirst und du wirst mich nie sagen hören, dass Geld nicht wichtig ist. Ich meine damit Folgendes: wenn du tust, was du liebst, kannst du dich darauf konzentrieren, diese Liebe aufzubauen (anstelle von Geld) und dennoch ein Vermögen verdienen.

Es ist bedauerlich, aber viele Unternehmer verdienen Millionen von Euro und sind so unglücklich, dass sie buchstäblich alles wegwerfen. Wenn du wirklich glücklich mit dem bist, was du tust und auf einen leidenschaftlichen Wunsch hinarbeitest, wirst du eine solide Grundlage haben, um mehr Geld zu verdienen, als du jemals für möglich gehalten hast. Leidenschaft ist das, was den wahren Erfolg in jedem Geschäft ausmacht.

Leidenschaft erfüllt dein Leben mit so vielen positiven Eigenschaften:

Sie gibt deinem Leben Sinn und Zweck.
Sie gibt deinem Leben die Richtung vor
Sie gibt dir Kraft, um Probleme und Hindernisse zu überwinden
Sie macht dein Leben lustig und aufregend

Sobald du deine Leidenschaft findest, wirst du feststellen, dass das Leben ein ganz anderes Gefühl annimmt.
Denke nur daran, wie du als Kind ins Bett gegangen bist, in dem Wissen, dass es morgen eine Geburtstagsfeier für dich geben wird. Schon das Nachdenken darüber hat dich wahrscheinlich schon für den nächsten Tag begeistert und verrückt gemacht. Da Leidenschaft so wichtig ist, kannst du dir keinen weiteren Tag mehr leisten, ohne deinen größten Wunsch klar zu identifizieren. Sobald du den Traum findest, der dich jeden Tag aufs Neue motivieren kann, wird dein Leben nie wieder dasselbe sein. Hier sind einige Möglichkeiten, um herauszufinden, wofür du am meisten Leidenschaft empfinden könntest:

Wenn du das ganze Geld der Welt hättest und alles tun könntest, was du willst, was würdest du tun?
Wenn du wüsstest, dass du nicht versagen kannst, was würdest du tun?

Was machst du am liebsten in deiner Freizeit?
Worin bist du so gut, dass andere Leute dich deshalb um Rat fragen?
Was ist das gängige Thema deiner Lieblingsbücher, Zeitschriften und Fernsehsendungen?
Was gefällt dir an deinem aktuellen Job am besten?

Die ersten Schritte

Du stimmst vielleicht zu, dass Leidenschaft im Leben eines jeden wichtig ist und du erkennst womöglich auch, dass die Umsetzung deiner Leidenschaft dir Glück bringen kann, fragst dich aber, warum so wenige Menschen ihre Träume zu verfolgen scheinen. Noch wichtiger ist, dass du dich fragst, wie du deine eigenen Träume verfolgen kannst. Um deine Träume zu verwirklichen, ist der erste Schritt die Bereitschaft zur Veränderung.

Wir alle geraten in Gewohnheiten, die leicht nachvollziehbar sind, jedoch eine bewusste Anstrengung erfordern, um sie zu durchbrechen, wie zum Beispiel das Essen der falschen Lebensmittel, das Kauen der Fingernägel oder das Rauchen. Unsere Gewohnheiten sind wie das Anziehen eines Paars bequemer Schuhe. Der Schlüssel ist, dass du dich dazu verpflichtest, die notwendigen Dinge zu tun, um dich zum Erfolg zu führen, damit diese zu neuen Gewohnheiten in deinem Leben werden.

Wenn du etwas in deinem Leben ändern willst, musst du aufhören oder weniger von dem tun, was du momentan tust, um Platz für etwas Neues zu schaffen.

Wenn du zum Beispiel in Form kommen willst, musst du nicht nur eine neue Trainingsgewohnheit schaffen, sondern auch etwas eliminieren oder reduzieren, das deine Zeit einnimmt. Vielleicht musst du jeden Tag eine Stunde früher aufwachen.

Vielleicht solltest du aber auch weniger Zeit damit verbringen, nachts fernzusehen oder du eliminierst diese Gewohnheit komplett. Wann immer du etwas Neues in dein Leben bringst, muss etwas anderes herausgenommen werden.

Wenn du in einem Job festsitzt, den du nicht magst und dich dafür entscheidest, ein freier Mensch zu sein, rate mal was du tun darfst? Zuerst musst du einige Opfer bringen und ein paar deiner Gewohnheiten ändern.

Du wirst wahrscheinlich weiterhin in deinem Job arbeiten müssen, während du einem vielversprechenden Geschäftsmodell folgst. Wenn du dich beispielsweise dafür entscheidest, in das Network-Marketing einzusteigen, musst du dir möglicherweise abends und am Wochenende Zeit nehmen, um an Meetings oder Telefonkonferenzen teilzunehmen. Wenn du dich dafür entscheidest, Immobilieninvestitionen zu planen, wird es Zeit in Anspruch nehmen, verschiedene Immobilien zu betrachten.

Wenn du ins Internet-Marketing einsteigst, wirst du höchstwahrscheinlich Zeit damit verbringen müssen, die neuesten Marketing-Techniken zu erlernen und sie auf deine Website anzuwenden. Es gibt zu Beginn immer Anfangskosten, unabhängig davon, was du tun möchtest. Deshalb solltest du dir etwas aussuchen, wofür du Leidenschaft empfindest.

Wenn du leidenschaftlich daran interessiert bist, in Form zu kommen, wird deine Leidenschaft dein Augenmerk darauf lenken, dich großartig zu fühlen und gesund zu sein.

Wenn du es hasst, in Form zu kommen, bleibst du schlichtweg eingerollt in einem warmen Bett und schläfst eine halbe Stunde länger. Wenn du leidenschaftlich daran interessiert bist, dein Leben zu verbessern, dann wird das Zurückschrauben deiner Gewohnheiten nicht wie eine Belastung erscheinen, sondern wie ein Schritt nach vorne, um das Leben besser zu erleben. Ohne Leidenschaft kann es entmutigend sein, etwas Neues zu starten, wenn der Zeitplan plötzlich überfüllt ist.

Das ist der Hauptgrund, warum so viele Menschen ihre Neujahrsvorsätze nicht einhalten.

Es ist nicht so, dass sie ihre Ziele nicht erreichen wollen, sondern dass diese Ziele nicht genug Leidenschaft in ihrem Leben erzeugen. Für die meisten Menschen sind Neujahrsvorsätze etwas das zwar schön wäre, aber nicht wertvoll genug ist, um dafür kämpfen. Die Wahl eines Ziels, das dich begeistert, ermöglicht es dir, die Reise auf dem Weg zum Erfolg zu genießen.

Einkommensideen um dem Hamsterrad ade zu sagen

„Glücklich ist derjenige, der gelernt hat, dass der sicherste Weg, um Geld zu bekommen, der ist, zuerst einmal Geld zu geben." ~ Napoleon Hill

Viele Menschen stellen sich das Leben als Selbständige mit einem passiven Einkommen so vor, als könnten sie ohne Verpflichtungen den ganzen Tag am Strand liegen. Der eigentliche Grund, ein passives Einkommen zu verdienen, besteht nicht darin, den ganzen Tag auf dem Hintern herumzusitzen.

Es geht darum, deine Zeit für erfüllende Projekte zu nutzen. Passives Einkommen bedeutet Freiheit. Echte finanzielle Unabhängigkeit. Eine Flucht aus dem klassischen 8-Stunden-Job. Es gibt unzählige von Möglichkeiten, um ein passives Einkommen zu generieren.

Ein passives Einkommen besteht, wenn du weiterhin bezahlt wirst, nachdem die Arbeit erledigt ist. Dazu gehören Lizenzgebühren aus Büchern, Filmen oder Liedern sowie Einnahmen aus Immobilieninvestitionen oder Unternehmensinvestitionen, bei denen du nicht anwesend sein musst, um sie zu verdienen.

Im folgenden Abschnitt möchte ich dir einige Empfehlungen nennen, mit denen du sofort starten kannst und dir Nebenberuflich ein zweites Standbein aufbauen kannst. Beschäftige dich mit den Möglichkeiten und Entscheide, welches dir am besten gefällt. Und vor allem woran du Spaß hast.

Investitionen

Investitionen sind die ultimative und zugänglichste Form des passiven Einkommens. Du kannst ohne Zweifel viel Zeit für die Recherche von Unternehmen und Märkten aufwenden, musst es aber nicht tun, um zu investieren.

Dividentenanlagen

Wenn du Aktien eines Unternehmens direkt oder über einen Fonds besitzt, kannst du Dividenden erhalten. Eine Dividende ist die Ausschüttung eines Teils des Gewinns eines Unternehmens. Sie werden vom Vorstand beschlossen und können als Geldzahlung ausgegeben werden, wie zum Beispiel Aktien oder anderes Eigentum.

Es ist eine Gelegenheit für ein Unternehmen, die Loyalität der Aktionäre zu belohnen.

Der Betrag, den du erhältst, hängt davon ab, wie viel Aktien du besitzt und wie viel Gewinn es zu verteilen gab. Investoren, hauptsächlich pensionierte Anleger, mögen das stetige Einkommen, dass Dividendenaktien bieten und auch die Möglichkeit, Dividenden zu reinvestieren, um mehr Aktien zu kaufen.

Forex/ Trading

Das Forex-Trading bietet Ihnen die Möglichkeit, Kursschwankungen in zahlreichen Währungen für sich zu nutzen. Währungen werden immer paarweise gehandelt - zum Beispiel EUR/USD. Sie spekulieren darauf, ob der Kurs einer Landeswährung gegenüber der Währung eines anderen Landes steigen oder fallen wird, und eröffnen dementsprechend eine Position.

HIER BARCODE SCANNEN

um mehr zu erfahren

Peer-to-Peer-Lending

Banken verleihen kein Geld aus Herzensgüte. Sie tun es, weil es profitabel ist. Du kannst an einem Teil dieses Spaßes durch Peer-to-Peer-Lending teilnehmen. Peer-to-Peer-Lending bringt diejenigen, die Geld sich leihen müssen, mit denen zusammen, die Geld verleihen wollen.

Der Vorteil für die Kreditnehmer liegt darin, dass sie sich oft nicht für traditionelle Kredite von Banken oder Kreditgenossenschaften qualifizieren. Für die Kreditgeber können die Zinsen, die sie auf die Kredite erhalten, höher sein als die von konventionelleren Anlagen – teilweise mit einem Durchschnitt von über 10%.

Immobilien

Immobilien haben einen bedeutenden Platz in der Welt des passiven Einkommens, aber viele Menschen denken daran in Bezug auf Mietobjekte und das ist für viele außer Reichweite. Doch Mietobjekte sind nur eine passive Einkommensidee im Immobilienbereich.

HIER BARCODE SCANNEN

um mehr zu erfahren

REIT

Ein REIT ist ein Immobilienfonds. Es ist ein Unternehmen, das ertragsstarke Immobilien besitzt oder produziert. Betrachte einen REIT als einen Investmentfonds für Immobilieninvestitionen.

Du kannst in Immobilien investieren, wie du auch in jede andere Branche investieren kannst, indem du Aktien kaufst. Wenn du Aktien in einem REIT besitzt, verdienst du einen Teil des Gewinns, der durch diese Immobilieninvestition erzielt wird. Es ist eine Möglichkeit, in Immobilien zu investieren, ohne die Mühe, ein Immobilienbesitzer zu sein.

Network Marketing

Im Network Marketing strebt man gemeinsam im Team, mit Menschen die ein gemeinsames Ziel verfolgen, frei und unabhängig werden wollen. Ein aufstrebender Markt, der immer bedeutender wird, aber dennoch gerade in Deutschland noch in den Kinderschuhen steckt. Hier kann jeder mit dem Willen zum Erfolg alles erreichen. Man nutzt und empfiehlt qualitativ hochwertige Produkte und Dienstleistungen jeglicher Art zum Einkaufspreis. Unterstützt die eigene Gesundheit und baut sich so ein Lifestyle in körperlicher Gesundheit, finanzieller
und geographischer Freiheit auf. Das ganze nebenberuflich und wenig Startkapital.

Entscheide dich für deinen Erfolg und nutze auch hier die Möglichkeiten von Online Marketing.

HIER BARCODE SCANNEN

um mehr zu erfahren

Kurzzeitvermietung/Airbnb

Du kannst eine ganze Immobilie, die du besitzt oder nur ein Zimmer ähnlich wie in einem Hotel vermieten. Es gibt viele Leute, die das ganz ordentlich machen und herausgefunden haben, wie man Gewinn mit einem ungenutzten Raum oder ungenutzten Räumen erzielt.

Skalierbare Online-Geschäfte

E-Commerce

Der Schwierigkeitsgrad hängt davon ab, was du verkaufst. Wenn du Dinge selbst herstellst, ist es schwieriger, als bereits vorhandene Gegenstände weiterzuverkaufen. In jedem Fall haben es E-Commerce-Websites einfacher denn je gestaltet, Geld zu verdienen, indem sie Artikel online verkaufen.

Shopify: Der Verkauf von Produkten ist eine großartige Möglichkeit, zusätzliches Geld zu verdienen, egal ob du Dinge verkaufst, die du selbst machst oder Dinge weiterverkaufst, die du kaufst. Wenn du einen Online-Shop erstellen möchtest, macht Shopify es dir leicht. Es gibt vorgefertigte Vorlagen, sodass du keine Zeit mit der Gestaltung deines Shops verbringen musst.

Außerdem stehen dir viele Tools zur Verfügung, die dir helfen, Dinge wie das Erstellen von Gutscheinen und Werbeaktionen, das Verarbeiten von Zahlungen,

das Verwalten von Retouren und das Teilen deines Shops auf Websites wie eBay, Google Shopping, Facebook und mehreren Preisvergleichsseiten zu vereinfachen. Es versteht sich von selbst, dass Shopify die Plattform der ersten Wahl für Drop-Shipper ist.

Smartphone Business

Das perfekte Smartphone Business ist eine Möglichkeit wie du nur mit deinem Smartphone, ohne eigenes Produkt und ohne eigene Webseite deine ersten 4 stelligen Einnahmen generieren kannst.
Hier wird dir gezeigt wie du mithilfe von Apps wie Instagram und Facebook dir ein automatisiertes Business von jedem Ort der Welt aufbauen kannst. Ein Passives Einkommen nur durch dein Smartphone.

Nutze diese riesige Chance. Jetzt ist der richtige Zeitpunkt.

HIER BARCODE SCANNEN

um mehr zu erfahren

Starte einen Blog

Ich habe dieses Buch geschrieben, um Geld zu verdienen und Menschen zu helfen – und am besten tust du das, indem du deinen Lesern einen Wert zur Verfügung stellst, der den Traffic auf deine Seite treibt und diesen dann mit Affiliate-Links monetarisierst. Denke daran: je mehr Nischen deine Website und Themen haben, desto besser. Du kannst einen Mehrwert schaffen, indem du aktualisierte Informationen schreibst. Du kannst Affiliate-Marketing-Einnahmen erzielen, indem du einen Link auf Amazon zu allen Produkten verlinkst, über die du auf der Website schreibst.

Ein Teil der Wertschöpfung ist der Aufbau von Vertrauen. Verlinke nicht mit Dingen, die nicht von guter Qualität sind, da sonst die Leute deinen Empfehlungen nicht vertrauen. Der andere Teil, um ein Publikum zu gewinnen, ist die Beständigkeit. Es ist weniger wichtig, wie oft du postest, sondern wie konstant du postest. Wenn du nur Zeit hast, um einen Beitrag pro Monat zu schreiben, sollte dieser Beitrag jeden Monat am gleichen Datum und zur selben Zeit veröffentlicht werden.

Eine ausgezeichnete Möglichkeit, beständig zu bleiben, ist das Schreiben mehrerer Beiträge, bevor du den Blog veröffentlichst. Das bedeutet, wenn das Leben dir im Weg steht und du keine Zeit hast, hast du einen Bestand an Material, den du konsequent veröffentlichen kannst.

E-Books

Dies ist ein weiterer Ort, um eine Nische zu finden und du tust besser daran, einige Sachbücher wie eine Anleitung oder ein Buch über einen Aspekt der Fitness oder Wellness zu schreiben.

Das ist in der Regel nicht das richtige Format, um mit deinem „großen Roman" zu experimentieren. E-Books müssen auch nicht sehr lang sein, sodass du kein Kunstwerk schreiben musst, um etwas Geld zu verdienen. Es gibt mehrere Orte, an denen du veröffentlichen kannst, darunter Amazons Kindle Direct Publishing und Tredition. Die wesentlichen Dienste auf den meisten Verlagsseiten sind kostenlos und du kannst für Premiumdienste wie Marketing und Textaufbereitung bezahlen. Diese Möglichkeit nutze ich selbst wodurch dieses Buch entstanden ist. Es ist mit wenig Startkapital und für jeden einfach umsetzbar.

<u>**HIER BARCODE SCANNEN**</u>

um mehr zu erfahren

Schreibe einen Reiseführer oder einen Online-Kurs

Wenn du dich mit etwas gut auskennst, einem Ort, wie man etwas repariert, wie man etwas herstellt, wie man etwas tut, kannst du einen Leitfaden dafür schreiben. Du kannst deinen Leitfaden als E-Book verkaufen, ihn als Download gegen eine Gebühr auf deiner Website anbieten oder Blogger mit ähnlichen Inhalten ansprechen und fragen, ob sie ihn als kostenpflichtigen Download auf ihrer Website anbieten werden (natürlich zu einem Preis).

„Sparmaßnahmen muss man dann ergreifen, wenn man viel Geld verdient. Sobald man in den roten Zahlen ist, ist es zu spät." ~ Jean Paul Getty

Schlusswort

Ich weiß, dass du ein besseres Leben für dich selbst willst. Ich weiß, dass du mehr Möglichkeiten willst. Ich kann dir jetzt schon sagen, dass Geld nicht alles ist; es wird kein Glück und keinen Frieden oder Selbstwertgefühl kaufen. Der wahre Reichtum im Leben kommt nicht in Form von Euroscheinen oder Goldbarren. Stattdessen kommt der wahre Reichtum im Leben aus dem ersten Schritt des Vertrauens und dem Glauben an dich selbst.

Wenn du ehrlich glauben kannst, dass du das Zeug dazu hast, mehr zu sein, als du im Moment bist, bist du schon auf halbem Weg, um deine Träume zu verwirklichen, was auch immer sie sein mögen. Ich bin hier, um dir zu sagen, dass du alles tun kannst, was du willst, doch du musst zuerst die Entschlossenheit zeigen und dann entscheiden, dass dir nichts im Weg stehen wird.

Die größten Hindernisse, die unseren Weg blockieren, kommen nicht von anderen Menschen, der Wirtschaft oder der Umwelt, sondern von unseren eigenen Gedanken direkt zwischen unseren Ohren. In dem Moment, in dem du erkennst, dass der Einzige, der dich von deinen Träumen abhält, du selbst bist, wirst du frei sein, dich von deinem begrenzten Selbstbild befreien und wirklich zu dem Menschen werden, der du sein solltest.

Impressum

© Autor Salvatore Kuntz

1.Auflage 2019

Alle Rechte vorbehalten.

Nachdruck, auch auszugsweise, verboten.

Kein Teil dieses Werkes darf ohne schriftlich Genehmigung des Autors in irgendeiner Form reproduziert,

vervielfältigt oder verbreitet werden.

Kontakt: Andreas Walter/ Danziger Str.26/ 31618 Liebenau

Covergestaltung: fiverr

Coverfoto: shutterstock.com

www.ingramcontent.com/pod-product-compliance
Lightning Source LLC
Chambersburg PA
CBHW021504210526
45463CB00002B/877